아침달 시집

여름 대삼각형

정다연

시인의 말

이야기는 강아지 다리에 붙은 도깨비바늘

자유롭게 달려간다

2025년 7월

정다연

차례

1부

히치하이커	13
호더	15
세입자	17
파과	19
호흡법	22
빛 헤엄	24
지폐	25
잠든 너의 면	28
사치	30
부재중 전화	31
부재	33
석영희	34
창문을 열면 적막이 흘러가요	36
불 켠 사람	39

2부

여름 대삼각형·1	45
여름 대삼각형·2	47
여름 대삼각형·3	49
여름 대삼각형·4	50
여름 대삼각형·5	53
여름 대삼각형·6	57
여름 대삼각형·7	62
여름 대삼각형·8	65
여름 대삼각형·9	67
셀프포트레이트	74
아주 개인적인 나무	76
여름 장마 검은 구름	79
Stair Dust Corners	81
야광충	83
세계의 첫 독자	84

3부

매일의 사랑	89
표범	90
물컵	92
눈보라	94
현장	95
생크림	97
트렁크	98
여기에 오고 싶었어요	101
벌루닝	103
대화천	107
순록	110
미래의 얼굴	112
전망	114
담수 폭포	116
연락	118

미라도르 120
이파리는 레이스처럼 펼쳐진
관다발로 엮인 접시 122

발문

모자라는 말 – 선우은실 127

1부

히치하이커

저녁에 산을 올랐다 가볍게 오르기 좋은 야트막한 산

오후 내 내린 비로 돌은 미끄러웠고

개구리를 밟게 될지 몰라 플래시를 켜고 걷자
말한 건 너였다 너와 난 발밑을 살폈다

딱 한 걸음 앞을 밝혀주는
빛과 함께였다

채 소화되지 못한
빗물이 철벅거리며
바짓단에 흔적을 남기는 동안
하늘은 그 많은 비를 털어 내고도 조금도 개운치 않아 보였다

거절당할 게 분명한 순간에 왜 사랑을 확인하고 싶을까?
모르면서 네 손을 잡았다

어둠이 어둠인 것도 좋았다

산에서 내려오는 동안
너와 나는 두 마리의 개구리를 발견했다

수풀은 흔들리며 발치에 닿았다

바짓단에 무엇이 붙은 줄도 모르고
너와 나는 세상으로 작은 열매를 날랐다

호더

창문을 모으고 다녔어
촛농이 왈칵 흘러내린
점령당한 도시를 내려다보는 화가의 창문을
파랑 파랑 흰 검정
산산이 조각난 상점과 회당의 스테인드글라스
불태워진 극장의 창을 찾아다녔어
그을음
반짝임
아기를 끌어안고 밤새 등을 도닥이는
귀엣말이 낮은 기도처럼 들려오는
소녀의 창문을 들으러 다녔어
폭풍우를 견딘
추돌한 벌레의 자국이 유성처럼 그어진
추잡한 낙서와 연인들의 뜨거운 고백
입맞춤으로 얼룩진
뒤틀린 창문을 기록하고 다녔어
유리판에 눈송이를 채집하듯이
들꽃을 탁본하듯이

껴안으면 눈의 표면으로 깨질 것 같은
크랙처럼 부서진 설탕층 같은
창문을 모으고 다녔어
창문만 그리고 다녔어
그 안에 들어갈 수 없는 인간이어서
가능한 보존이었어

세입자

 우편함에 우편이 꽂히기 시작하면 계절이 바뀌었다는 뜻이죠 네 해째 이 집에 살면서 알게 됐습니다 섣불리 계약하는 게 아니었어요 파리한 듯 보이지만 어쩐지 고상한 취향을 가진 것 같던 그 작자가 살던 집을

 고민 없이 살고 싶던 게 문제였을까요? 매 계절, 그를 수신인으로 문예지와 신간이 도착합니다 연락 두절된 그의 창작욕은 멈춘 지 오래지만 동료들은 다르더군요 적당히를 모르고 알 수 없는 말을 쓰고 또 쓰고

 그냥 다 버려주세요 단 한 번의 답신에서 그가 말했죠 그 작자는 매번 다시 시작되는 이 우편함의 계절로부터 도망친 게 분명해요 제게 이걸 남겨두고 홀가분할까요 종이봉투를 찢어 책을 펼칩니다

 산책이 시작된 거죠 상처 내지 않고 눈물을 투과하는 빛의 원리, 손등에 닿는 무지개, 어둠 속 눈부심, 천사의 것인지 악마의 것인지 구분할 필요가 없는 날갯짓, 날갯짓이 불러일

으키는 한낮의 심상…… 끝없는 수수께끼로 잠겨드는 거죠 안으로만 고이고 다가서면 제 얼굴이 얼비치는, 내면의 웅덩이가 제게도 있으니까요

    귀퉁이에 문장을 적어봅니다 누가 보든 안 보든 멈추지 않고 입을 오므렸다가 열듯, 비로소 태양이 떴다고 써서 한 인간의 어둠이 저물어가요 먼 광장에서는 열정으로 비틀린 연주가 시작되죠 흙장난에 몰두한 아이가 된 것 같다고 써도 될까요? 밤은 깊어지면서 짧아지고

    자세는 한없이 구부정해지고 엎드려 자는 날이 늘어갑니다 이번엔 정말 제시간에 도착해야 하는데, 더는 늦으면 안 되는데 무너지는 모래성처럼 졸음이 와요 내년에는 이사 갈 거예요 우편함의 계절을 잊을 거예요 그런데 이 많은 책더미는 어떻게 옮겨야……

파과

헐값에 살구를 사 왔다

트럭을 세워두고
도로를 하염없이 바라보던 초점 잃은 남자에게

치워버리고 싶었던 걸까
남자를 저 살구를

눈앞에서 깨끗하게

벌써 밤이 오는데, 남자는 아직도 거기에 있구나 미동도 없이

끓는 냄비에 살구를 욱여넣는다

불 덴 과육은 이런 향을 내는구나 달고 향기로워 사람에게서 이런 냄새가 났다면 틀림없이 그를 사랑하게 됐을 거야

영혼이 졸아붙고 사라지는 순간에도

바닥 난 영혼을 봤다고 확신한 적 있어 투병하는 엄마가 침상에 누워 세상을 향해 저주를 퍼부을 때 그 저주를 깨뜨리지도 안아주지도 못하고 이젠 다 끝나버렸으면 담요를 덮고 귀를 틀어막았을 때

내 영혼은 어디에서 어떤 냄새를 풍기고 있었는지

뜨겁게 흘러내리는
살구
잼

이상하단 말이지 시들지도 않았는데, 꽃병을 뒤집어엎으면 코를 찌르는 악취가 나 줄기는 퉁퉁 불어 있고

아무리 가까이 있어도 내 영혼의 냄새는 맡아지지 않는다

머리칼을 붙잡고 흔들어도
물구나무를 서도
깨고 부숴도

가스불을 끄고

유리병에 단단히 밀봉한다

따뜻한 온기

창밖에 남자 사라지고 없다

호흡법

숨을 한 번 크게 들이쉰다 히터의 온도가 지나치게 높다

내 이야기로 글을 써보는 건 어때?

몇 달간 한 문장도 쓰지 못했다는 나에게 네가 말한다 고개를 가로젓는다 나는 무언가를 쓸 만큼 너에 대해 아는 것이 없다고 답한다

얼마만큼 알아야 하는데?

너의 질문이 나를 깨뜨린다

음악을 알지 못해도 춤을 출 수 있는 것처럼 수영을 배운 적 없어도 손발을 뻗어 물의 중심으로 나아갈 수 있다

창문을 연다 발코니 너머로 폐장된 수영장이 보인다 한 아이가 가장자리에 걸터앉아 허공에 발을 구른다 그렇게 하면 허공을 흔들 수 있다는 듯이 한쪽에서 시작된 파동이 잔

금을 내며 물결처럼 번진다

  실내 온도가 조금씩 낮아진다 숨을 쉴 때마다 가슴이 부풀어 올랐다가 가라앉는다 바람이 스쳐 지나가도록 잎사귀들이 방향을 틀고 나는 여전히 너에 대해 아는 것이 없다고 고개를 젓지만 너의 안쪽에서 시작된 숨이 내게 번지고 있다

  조약돌처럼 깨고 있다

빛 헤엄

　할머니는 말했다 파도가 두려워지기 전까진 파도를 두려워하지 마라 세상이 무서워지기 전까진 세상을 무서워하지 마라 할머니의 뼛가루를 바다에 뿌린 뒤 자주 바다로 나가 헤엄을 쳤다 밤낮을 가리지 않고 추위와 더위를 가리지 않고 할머니가 남긴 말을 이해해보려고

　툭 건드리면 숯검정처럼 부서질 것 같잖아 뙤약볕과 바다가 몸을 볼품없게 만드는구나 마루에 앉아 젖은 몸을 말리면 집안 어른들이 한마디씩 하고 갔다 산 사람은 살아야 한다는 말보다 죽은 자의 청력을 믿었다 하얗던 수영복이 더는 하얗지 않은 게 부끄럽지 않았다 마루 틈에 코를 박고 숨을 쉬면 할머니 몸 냄새가 났다

　세상이 무서워지기 전까진 세상을 무서워하지 마라 사랑이 끝장나기 전까진 사랑을 끝장내지 마라 검은 암초에 부딪혀 뺨이 찢겨도 질긴 해초가 종아리를 휘감아도 두렵지가 않았다 세계를 곱게 빻은 빛 가루가 할머니라면 그것이 훨훨 한 줌처럼 가볍다면 도무지 세상이 무서워지지 않았다

지폐

마지막 남은 화폐 공장이 폐업하면 인부는 이곳을 떠날 거야

기찻길은 녹슬어 긴 침묵에 잠길 테지

버려진 광장과 벤치는 전부 가난한 연인들의 차지가 될 테고

장갑을 하나씩 나눠 끼고

너와 눈길을 따라 걷는다

넘어질 것 같아? 그럼 손을 잡아

구체적인 실감으로

매서운 추위에도 꽁꽁 얼거나 숨 멎지 않은 몸으로

입김처럼 너와 나는 사라질 듯

사라지지 않는다

지난밤에는 지폐를 세는 꿈을 꿨어

쉼 없이 밀려오고 밀려와서 눈을 뗄 수가 없었는데 그만, 손을 베서 피가 나기 시작했어

피가 나니까

멈춰야겠다고 생각했어 피 묻은 지폐는 불량이니까

그랬어? 눈에 젖은 너의 머리칼을 쓰다듬으며

밤이 너와 나를 지워가는 것을 본다

별은 떠 있다

여전히 지워지지 않고

누군가 걸어둔 빨랫줄에서는 물방울이 똑 똑 떨어지는 소리

집으로 가자,

길을 찾듯

우리는 어둠 속에서도 서로의 입술을 찾을 수 있다

잠든 너의 면

잠든 너에게 가장 이로운 자세는
내가 움직이지 않는 것

숨소리가 아주 작아졌으면 해 가까이서도 들리지 않을 만큼

감긴 눈꺼풀 너머로 네가 보고 있는 것

이렇게 두 눈을 감으면
부드럽고 여린 막이 날 감싸고 있는 것 같아
세상이 피바다로 보이지 않고
나의 일부를 깨뜨리고 나가고 싶을 만큼 따뜻해 보여

피를 안는 피부
심장 박동
페달처럼 파르르 떨리는 속눈썹

잘못 산 거 같아
더는 잘못하고 싶지 않은데 내일이 오면

빌어야 할 일이 산더미야

너는 너를 깨운다
안압을 견디지 못하고 실핏줄이 터져도
맑게 갠 하늘은 조금도 붉어지지 않는다

깜빡깜빡
졸던 네가 잠에 무너지며 죽은 듯이 잔다

어둠에 새어든 빛이
먼지처럼 폴폴 날리고
네 뺨 여기저기에 떨어진다

네 잠이 부서질까 봐
나의 자세를 고치지 않았다

사치

 입안에서 녹는 것을 사 갈게 호텔 베이커리에서 네가 좋아하는 딸기 케이크와 갓 구운 빵을, 만달라 장미 한 송이도 사 갈게 꽃다발을 다 팔지 못해 자정까지 홀로 남아 상점을 지키는 조용한 사람에게 꽃말을 묻지 않을게 내게 남아 있을지 모르는 행운을 끌어안고 네게 갈게 가는 길에 엎드려 구걸하는 남자가 있으면 가진 돈 다 줄게 그가 그 돈을 모아 술을 살지 차표를 끊어 먼 곳으로 갈지 짐작하지 않을게

 너에게 물감이 마르지 않은 그림을 사 갈게 어렴풋한 미래를 점치며 오늘도 붓을 잡기로 한 사람에게 월세를 걱정하며 얼마나 더 비싼 값에 팔아야 하는지 고민하는 화방 주인에게 액자 하나를 구해 올게 정성스레 금박을 입힌, 끌로 긁어 문양을 새긴, 그것에 멋대로 나만의 상징을 부여하며 대교의 불빛을 반사하는 강 언저리에서 몽상에 잠길게 잔과 잔이 부딪치는 소리가 끊이지 않는 축제, 너와 내가 한 번도 초대장을 받아본 적 없는 살롱의 테라스로 찾아갈게 너에게 어떤 근사한 걸 줄지, 멈추지 않고 꿈꾸는 사치를 누릴게

부재중 전화

하고 싶은 말이 사라질 때까지 걷다 보니 멀리 왔습니다

내 안이 이렇게나 광활하다니 놀라워요

팔차선이 한눈에 보이는 육교 난간에 서서 아래를 내려다보았어요

시력이 좋지 않아 헤드라이트 불빛이 번져 보였는데요 일렁이는 게 꼭 수명을 다한 별무리 같았어요

끝에 도착하면 내가 품었던 말들 쏟아낼 수 있을까요 아무 말도 하지 못하는 건 억울하니까 끝까지 나 혼자만 아는 건 괴로우니까

방금 아파트 복도에 노란불이 켜졌습니다

누군가 지나가고 있나 봐요

아래를 지나고 있다는 이유만으로 빛을 밝혀주는 거라면

그런 기계를 고안한 게 사람이고 세상이라면 조금은 믿을 수 있을 것 같았는데요

아직은 끝이 아니어서 한 번 더 삼켜보려고 해요

무언가 반짝이는 게 있어 주웠더니 누군가 먹다 뱉은 사탕이었어요

축축한 입안에서 사탕은 얼마나 많은 말을 견디고 있었을까요

잠깐 만졌을 뿐인데도

끈적함은 사라지지 않았습니다

부재

개는 누가 집에 다녀갔는지 알아채곤 했다

아는 이의 냄새를 맡으면 거리에서부터 발걸음이 빨라졌다 문틈 사이를 킁킁대며 긁었다

누가 잠시 다녀갔나

다녀갔어요?

이렇게 날씨가 좋은데

쓰러진 우산이 혼자 펼쳐져 있다 현관에

석영희

석영희를 알게 된 건 한 논문에서였습니다. 영희는 저희 엄마 이름이기도 합니다.

논문에 따르면 석영희는 시인이었습니다.

저는 그녀가 쓴 시가 궁금했습니다. 그러나 석영희는 살아 있는 동안 시집을 출간한 적이 없었고 몇 안 되는 작품은 소실되어 찾아볼 수 없었습니다.

석영희는 시인이었고 저희 엄마는 공무원이었습니다.

한번은 엄마의 삶을 인터뷰해서 글로 남기고 싶었습니다. 엄마는 대답했습니다.

난 작품에 기록되고 싶지 않아.

엄마는 이 말을 기록하는 것까지만 허락했습니다.

저는 오래전 출간된 책에서 석영희의 시를 발견했습니다. 단 두 편뿐이었습니다. 작품을 읽고 책을 덮었습니다.

석영희는 자신의 시가 세상에 남는 걸 원치 않는다고 했습니다.

저는 그녀의 시를 다시는 꺼내 보지 않을 작정입니다.

석영희는 시인이었고

이름은 영희입니다.

난 작품에 기록되고 싶지 않아.

엄마는 이 말만 기록되길 원합니다.

창문을 열면 적막이 흘러가요

창문을 연다
적막을 듣기 위해
음악을 끈 건 오랜만이다

조금 전까지 흐르던 곡은
한 남자가 자신의 아이를 애도하며 쓴
밝은 음조의 곡

소음 없이는 불안하다
무얼 틀지 않아도
이따금 내 귀는 스스로 없는 소리를 만들고
그걸 듣는다 아주 가까운 곳에 명백히 있다는 듯

라디오를 틀면
세상에는 들어야 할 것이 많아 보인다
사람들의 목소리는 조금도 같지 않고
모두 다른 말을 하고
엇갈리게 웃고

나는 헷갈린다
날씨보다 쉽게 생각이 바뀐다

곡이 다른 곡으로 넘어가는 사이
정적이 흐를 때
혼자 이름들을 되뇌다가
말한 적 있다

여전히 사랑한다고
듣는 이가 있다는 듯
없는 기척을 믿으며

적막에 귀 기울이려 하지 않았다면
몰랐겠지
소란한 창밖의 사람들
한 번 헤어지기 위해서

잘 가

응

엄마 갈게

갈게, 가요, 갈게요

안녕

너무 많은 말을 한다

불 켠 사람

　불 끈 사람의 마음을 알고 싶어서 오늘은 불을 켜지 않기로 했습니다

　어두운 화장실에서 샤워하고 양치했어요 얼굴이 보이진 않았지만 따뜻한 수증기가 피부를 감싸주었습니다

　쓸쓸할 줄 알았는데 편안했어요

　설거지를 했습니다 어디를 꼼꼼하게 닦아야 할지 모르겠더라고요
　알 수 없으니 그릇을 더 오래 만졌습니다 조심히 내려놓았어요 무엇이든 쉬이 깨질 수 있다는 사실을 어둠이 바라보게 했습니다만

　아무리 주의를 기울여도 불 끈 사람의 마음은 만져지지 않았습니다 자신의 방으로 돌아온 그가 온전한지 아니면 눈에 잘 띄지 않을 만큼 서서히 금이 가고 있는 것인지 몸에 묻은 하루치의 얼룩이 싫진 않은지 단정할 수 없었습니다

침대에 누워 이불을 심장께까지 덮었어요 충분히 어두워 커튼을 치지 않았는데 맞은편 창가에 불이 들어왔습니다

아, 누군가 불을 켜면 이토록 환해지는구나

오늘은 여기까지 생각했어요

2부

여름 대삼각형·1
-섬광

흙을 거두면 닿을 수 있는 깊이에
이야기는 잠들어 있었다

이슬비가 내리고
흑곰이 깨어나고
낮밤은 공평히
이야기에 어둠과 빛을 쏟았다

옅은 꿈결에서 이야기는
조금씩 벌어지며
의심 없는 맑은 기운으로
인간을 들었다
전부 지나가는 소리였다

한 줌 두 줌
흙을 걷어낼 소녀는
아직 태어나지 않았고
보드라운 손길은 아득하고

이야기는 혼자여야만 하지만
소녀는 올 것이다

온몸 가득 들어찬 피를 밝힐
가장 밝은 섬광 하나를
부싯돌처럼 품고

이야기는 마침내
그것이 드러나게 될 세상을 향해
전부를 쏟는다

여름 대삼각형·2
-메두사의 피

　오른쪽 피로는 살리고 왼쪽 피로는 죽여요 매일 조금씩 피를 모읍니다 아픈 이들을 구하려고 벌어진 목의 상처에서 흰말들이 탄생합니다 아름답게 꼬리 끝에 약병을 매달아 뭍으로 날려 보냅니다

　어젯밤에는 죽은 언니의 쉭쉭거리는 소리를 열병으로 앓았습니다 절단돼 묻힌 내 머리칼이 날 애도하는 소리, 죽음이 삶을, 삶이 살아갈 이들을…… 바위에 부딪히고 들끓는 그 소리를 첫 음 삼아 악기가 창조되고 나는 애도를 음악으로 뒤바꾸는 마법을 저주합니다

　암석 하나가 심해에서 떱니다 저 암석이 제 어머니입니다 바다로 나가지 않아도 떨리며 소용돌이치는 움직임을 느낍니다 지면을 흔드는 파동을 감지합니다 폭풍우가 올 것을 미리 알아차리는 것처럼

　정원으로 나가 석상들 사이를 달립니다 진정으로 자기 자신과 만난 존재만이 죽음처럼 차갑게 얼어붙을 수 있습니다

넓고 둥근 얼굴을 펼쳐 달빛을 가득 담습니다 창유리 같은 눈이 반짝이며 물듭니다

 사랑은 형벌을 앞지릅니다 두려움을 모르고 그르릉거립니다 막힘없이 바위를 뚫고 분출됩니다 몸속을 회전하는 혈류처럼 심해를 도는 해류처럼 나는 나를 관통하는 것을 막지 않습니다 오직 흐르고 유출되는 것만이 생명을 가져다줍니다

 첫 별의 폭발, 그 심장으로부터 실려 온 우주진이 대기로 밀려듭니다 입자를 들이마시고 내보내며 뜨거운 타액으로 쉭쉭 녹이면서 허공을 떠도는 그 숨과 함께 목판에 봉인합니다 전승되지 않고 기록되지 않는 현실을

 목을 베어 피를 담습니다 마르지 않는 나의 피, 나의 샘, 나의 생명…… 상처에서 태어난 말들이 부드럽게 날 애무하고 공중으로 날아오릅니다 왼쪽 피로는 죽이고 오른쪽 피로는 살릴 수 있어요

여름 대삼각형·3
-모래의 얼굴

언니는 해일이었네 방파제를 넘어 나를 흔들고 지붕을 무너뜨리네 물속에서도 젖고 있는 언니의 눈동자, 휘몰아치는 물보라, 물보라 속에서 나는 언니의 내부를 만지네 해일에 휩쓸려가네

언니는 열 오른 이마에 팥 주머니를 얹으며 말했네 우리도 물고기처럼 살아야 하지 않겠니 극소량의 호흡을 해야 하지 않겠니 나는 언니의 팔목을 잡았네 아무리 흙을 덧발라도 언니는 단단해지지 않았네 해풍에 조금씩 스러졌네

언니가 해일로 되돌아오네 밀물과 함께 수직으로 일어서네 나의 지대가 흔들리며 벌어지네 나는 언니를 향해 걸어가네 솟구치는 파도로, 붕괴되는 해저 속으로

해일이 가라앉은 날 품고 마을로 밀려드네 그 해일은 어느 곳도 부수지 못했네 해일은 제집으로만 향했네 제집만 부술 줄 알았네 누구도 해일이 온 줄 몰랐네 언니가 해변을 만지네 나는 언니를 듣네 표류에 지친 것들이 뭍으로 밀려나고 언니가 지상에 파도를 버리며 멀어지네 백사장에 찍힌 흔적을 지우네 나는 홀로 앉아 언니를 빚네 파도 한 번에 쉽게 무너질

여름 대삼각형·4
-카푸네

너와 나는 다친 일이 많았지
때때로 부모는 우리를 가장 먼저 버리곤 했어

거추장스러운 보따리
해변의 한 철
조개껍질, 쓰레기, 개

너무 강한 햇빛 때문에 두피가 다 탔다
상처에 소금기가 배는 동안에도

어둠을 찾거나 그늘로 숨어들지 않았지
지상으로는 영영 돌아가지 않을 것처럼
코를 틀어막고
연거푸 잠수했어

너와 내가 숨 쉴 수 없는 곳에서도
아름다운 것들은 지천이었지

물을 발로 차며
수면 위로 올라가면
나무에 줄줄이 앉은 새들
건드리면
코코넛 열매처럼 열린다 맺힌다
날아간다

그 아래서 상처를 태우며
천국은 장소가 아니라
뜨거움이라고 생각했어

피가 아니라 핏속을
바다의 밑바닥을
훤히
태우는

무자비한 빛 속에서
비로소 회복되었다는 환시를 가졌지

해변의 한 철

죽은 산호, 야자수잎 그림자, 별자리

더위를 이기지 못하고 푹푹 쓰러지는 육체들

지상으로 달려가는 동안

해변의 저항력은

언제나 머리부터 고꾸라지게 했지만

쏟아지는 코피처럼

넘쳐흐르는 삶이 삶으로 나아가는 걸

막을 도리가 없었다

여름 대삼각형·5
−사진광

남자는 사진 찍기를 좋아했다
어린 날 흰 종이를 동그랗게 말아 양 눈에 번갈아 가져다 대면
점자처럼 오돌토돌해지던
안개 속 세쿼이아
물관처럼 습기를 빨던 장서와 로켓 장난감
팔 년째 그대로인 어머니의 깨진 이빨
별것 아닌 일상도 놀랄 만한 것이 되었다

남자는 간신히 한 발짝씩만 뗐다
찍고 싶은 게 너무 많았기 때문이다
렌즈를 한 손으로 받치고 세상에 프레임을 가져다 대면
아름답지 않은 게 없었다
낡아 뒤틀린 문짝도
도무지 왜 여기에 처박혀 있는지 알 수 없는
쓰러진 우체통도 무표정한 연인도
사랑하지 않을 이유가 없었다

빛

점멸

눈을 감았다 떴다가

셔터가 열리고 닫힐 때마다

장면이 멈추었다

흘러가던 풍경이 빨려들었다 운명적으로

휘말렸다 남자는 거침없이 끌어당겼다

갑작스러운 손목 잡기

가만히 정지하기

살아 있는 생선 아가미 결박하기

여자는 사진 찍기를 좋아하지 않았다

찍히는 것도 매한가지였다

그녀는 놓아주기를 선호했다

꽉 묶인 머리칼을 풀듯이

바람이 수수밭을 가로지르듯이

걸음이 방해받지 않도록

발자국 끊지 않기
경계 어슬렁거리기
여자는 순식간에 딱딱해졌다
카메라는
그녀의 일부는 붙잡고
일부는 놓쳤다
마치 모딜리아니풍처럼

　　　　　　　　　　*
　　　　　　　　　　*

　사진 속으로 들어간다 남자가 서 있다 해변을 모조리 찍을 수 있다는 듯이 셔터를 연 채 여자는 파도의 끝을 바라보고 있다 물거품이 스스로의 윤곽을 지우면서, 스미는 것을 보고 있다 파도가 파도의 자취를 따라가고 있다 끝없이 여기, 여기 좀 봐 남자가 소리쳐도 여자는 뒤돌지 않는다 얼굴을 보이지 않는다 겨울의 모래사장, 겨울의 바닷바람, 툭 툭 떨어지는 겨울 빗방울 그런 단어만 읊조리게 되는 해변은 춥다고, 잠시 수평선을 건너다보았을 때 터지는 빛. 또 빛. 여자는 눈을 감는다. 참았던 숨을 몰아쉬듯 다시 눈 뜬다. 빛과 깜빡임. 빛과 깜빡임. 사진 속 여자는 영원히 눈 감고 있다. 남자는 영원히 카메라를 들고 있다. 다시, 다시 사진을 시작하려고

    프레임에서 풀려난 바닷바람이 자유롭게 분다 맨손과 공기가 서로를 어루만진다 공중의 먼지가 물기를 흠뻑 빨아들이고 안개로 흘러간다 안개가 사라진 자리엔 다시 먼지가 남는다

    열린 필름 통에 무심히 닿은 빛
    그건 아무 의지도 아니다

여름 대삼각형·6
-격자 구조

계절이 지나는 동안

나는 아랫잎을 위해 작고
옅게 자라는 머리 위의 잎을
너는 발밑으로 아직 움트지 못한
수백 개의 씨앗을 봤다

숲이 잘못되었던 것은 아니다

긴긴밤이 들이닥쳤다
나는 암순응 했다 떨어진 한 톨의 빛을 등불 삼아 앞으로 전진했다 필사적으로 양광을 찾아내는 생물처럼
너는 더 어두워졌다 빛이 되지 못한 어둠, 어둠도 되지 못한 어둠의 곁이었다 진력이 나도록 가장자리를 향해 가도 더한 가장자리가 나타나는

혼절할 듯한 여름
너와 나는 부딪쳤다

도무지 섞일 수 없는 원자처럼
배신자처럼
물끄러미 서로의 얼굴을 들여다봤다

이토록 친숙하고 날카로우며
이해할 수 없는
단면이
직각으로
입방체로
비틀린 채
부서지며
무수히

아래로
아래로

색색의 산을 쌓았다

**

봄여름도
겨울봄도 아닌
모호한 계절이 흐르는 동안

너와 나 사이에
작은 산맥이 솟았다
무릎을 꿇고
고개를 낮춰야만
발견할 수 있는 지형이었다

돌 틈으로 빗방울이 스몄다
물기를 머금은 표면에
은비늘이끼가 깃들었다
생명을 품은 피막이
진동하듯 꿈틀거렸다
막을 찢으며

어린 생명이
물살을 밀고 나아갔다

너와 나는
그것을 바라보았다
어떤 것도 덧씌우지 않은
있는 그대로의 세계를

**

절벽이었다
어떤 각도도 대칭을 이루지 않았다
짝을 맞출 수 없었다
다만 서로의 절벽을 바라봤다
벼랑에서 만개하는 꽃나무를
바람이 깎은
암석 부스러기를
그것을 덮는 고운 흙과

그 속 작은 동물의 잔해를

두 손으론

측정되지 않는 희미한 무게를

받아들였다

여름 대삼각형·7
-세 개의 별

오직 지구의 밤하늘에서만
드러나는 세 별의 형태

너와 나란히 눕는다

하늘 아래 사는 것이 아니라
하늘 한가운데서
저 별들과 함께 살아 있음을 느껴

수천 년 전
양수에서 빠져나와 첫 숨을 들이쉰
아기의 눈썹을 비추던 별빛과
수백 년 전 격침된 도시
고인 빗물에서 갈증을 구하던
젖은 입술
그를 비추던 별이

이곳에 와 닿는다

서로 다른 시간을 품은 채
몇 광년의 속도로

어쩌면 저 별은 이 빛을 끝으로 사라졌을지도 몰라
어쩌면 지금도 지상을 내려보고 있을 저 별은
상처뿐인 잔해와
텅 빈 공허를 향해 다가오는 건지도 몰라

그러나 나는
살아 있음을 느끼게 하는 저 별을 의심하지 않기로 한다
이미 사라졌다면
두 번 다시 보지 못한다면
사라질 때까지 바라보자

아름다운 것을 아름답다고 감탄하면서
어떤 온전함에 대해
아무런 죄책감을 가지지 않으면서

여름 대삼각형
오직 지구의 밤하늘에서만
드러나는 세 별의 형태

너와 나는 땅에 누워
우리의 시간에 가득한 어둠까지도
응시하기로 한다

땅 밑에서는 생명의 기척을 느낀
작은 벌레가 우주처럼 움튼다

여름 대삼각형·8
-침례

물속에서
죄를 씻겨
나의 장례를 치르기 위해선
물 밖에 있는
타인의 손이 필요하다
날 일으켜 세울

어지러운 물살에
너울거리는 머리칼은 촉수처럼
죽은 이들이 남긴 투명한 서명을
검게 빨아들이고

누군가 잔상처럼 떠올린 핏빛 기억을
한 겹 덧씌운다
아직 웃음과 울음을 구분하지 않는
아기의 부르짖음처럼
탄생처럼

화들짝 꿈에서 깬 표정으로
사람들이 일어선다

겹겹이
더 깊어진
옛사람의 새로운 얼굴로

한 방향으로
걸어간다

여름 대삼각형·9
-수지상결정눈

*
*

데네브 2,600~3,200(?)광년

측정 불확실

늙은 학자는 고어를 읽는다

종이자작나무 버치 백자작나무

영혼이 날아가지 않게 뿌리로 감고

새 계절을 부르는 나무

학자는 눈을 감는다

어린 딸의 발목에 밴 민트 향처럼

잎이 수런거리고

디딘 발 아래 찬물이 고인다

사방은 은백색 숲

여름 곡식의 껍질처럼

눈이 내리고

눈,

본 적도 밟아본 적도 없는

먼 나라의 죽은 단어를 소리 내 발음한다

촛불이 꺼진다

여름 초거성이 드러난다

어둠에서도 반짝이는 열쇠처럼

학자는 책을 덮는다

사유를 덧씌우지 않고

이름 짓기를 그만둔다

별들의 위치를 베끼지 않는다

각기 다른 조도를 기억하면서

부스러질 것 같은

과거의 필체와 접촉한다

**

알타이르 16광년

다시 눈, 눈이다

남자는 설산을 오른다

분명 누군가는 바보라 할 테지
길 잃기 좋은 이곳에 안내자도 없이
턱끝까지 숨이 차
폐 속까지 찬 공기가 들이찰 때
어쩐지 벌을 받는 것 같지만 상쾌하다
수지상결정눈
수지상결정눈
벨 듯이 날카롭지만
무엇도 베지 않는 그 윤곽을 훔치고 싶다
조부는 말했었지
눈에게 부끄럽다
눈이 다 봤다
그리고 눈이 덮었다
그 많은 구덩이를 피를
단호하게
조부의 임종은 무엇 하나 미화시키지 못했지만
이 눈은
세상의 것들로 오염될 것 같지 않다

리셋할 수 있을 것 같다
어느 방향에 서 있어도 빛이
돌아오도록 설계된 반사경처럼
손바닥에 눈이 도착한다
깨뜨린다
깨뜨린다
깨진다
그것을 눈이 지켜본다

**

베가 25광년

7세

아이는 문을 걸어 잠근다
책상 밑으로 들어가 머리칼을 푼다
손에는 유리구슬로 엮은
머리끈이 쥐어져 있다

아이는 그것을 가위로 자른다
무언가를 갖겠다는 것이
어떤 것을 절단하는 일이라는 걸 학습하면서
가방에 집어넣는다
안은 이미 조잡한
색색의 구슬로 가득 차 있다
그것은 아이가 세상 모르게 탐낸
첫 번째 아름다움이다
아이는 혼자서 별을 바라본다
부모가 자신에게 그러했듯이
멋대로 이름을 붙였다가 지워버린다
죽죽 취소선을 긋는다
손가락이 붓도록 빤다
기억하고 싶은 추억이 떠오를 때까지
눈동자가 영문 없이 빛난다
별이 그러하듯이
아이는 거울 앞에 선다 가까이 다가간다
별빛이 미약하게 방 안을 드리운다

아이는 자기 자신에게서
가장 밝게 빛나는 것이
자신임을 깨닫는다
몸을 이리저리 털고
문질러도 절대 떨어지지 않는 것
그것은 아이의 가방에
들어가지 않는
첫 번째 비밀이다
누구도 방문을 두드리지 않아서
아이는 자신을 두드린다
만지고 깨우고 논다
저마다의 별들이 그 장면을
자신이 품은 수억 개의 시간대로 내보낸다
여름 나라에서는
이상한 첫눈이 내리고

눈,

눈이라

말하기 시작한다

셀프포트레이트

비로소 열리는 책
낮은 코
너의 눈두덩
동공을 가르고 지나가는 빛
왈칵 쏟아지는 잉크

은빛 센 머리카락
몰락한 거리
불법건축물
앓고 앓는
밤

경찰이 추방하는 집시
폭탄 같은 폭죽
터지는 상처
날카로운 이명

깨끗이 닦은 식탁

마르지 않은 헝겊

솜 꺼진 베개

사그라지지 않는 야성적인 허기

청구서 고지서 철거명령서

마지막으로 목격된 날짜

시체 처분 장소

생체 발광

놀랍도록 정돈된

사랑을 나눈 후의

빈 침대↳

↳ Nan Goldin, Empty Beds, Boston, 1979.

아주 개인적인 나무

    나의 나무에는 네 개의 줄기가 있다 양옆으로 가장 멀리까지 뻗어간 줄기에는 검초록한 잎이 스무 개 열여덟 개씩 달려 있다 나는 이따금 물수건으로 그 잎들을 하나씩 닦는다 그것은 나무와 내가 나누는 아주 개인적인 일이다

    나는 나무와 다섯 번의 겨울을 보냈다 그동안 위태롭게 썩어가는 두 개의 줄기를 직접 잘라야 했고 토분을 깨 한 번의 분갈이를 했다 연두색 새잎을 펼치는 것을 예닐곱쯤 보았고 몇몇 잎사귀가 녹슨 쇳빛을 띠며 마루로 떨어지는 것을 보았지만 나의 나무는 아직

    작은 새의 착지나 폭설을 경험한 적 없다 짐승의 털에 고운 가루를 묻히거나 예기치 못한 급류에 휘말려 먼 대륙으로 씨앗을 퍼뜨리지 않았다 나는 나의 나무보다 큰 나무와 함께 사는 삶은 상상하기 어려우나

    나무는 나보다 더 큰 빛과 공기, 거친 바람을 상상할 수 있을 것이다 마음껏 뿌리를 뻗을 수 있는 비옥한 토양을 갈망

할 수도 있다 나무와 여섯 번째 봄을 맞이하는 동안

 한 번도 화분에 뿌리내리는 꿈을 꾼 적 없다 검초록의 잎사귀가 피부에 돋거나 벌레가 문 듯한 반점이 생긴 적도 없다 나무는 인간의 꿈을 꾼 적 있을까 섬세하게 자신의 잎을 닦는 이질적인 손가락의 촉감을

 나는 나무가 화분의 둘레를 두르듯 일정한 반경을 그리며 산다 때때로 그 반경을 시원하게 깨뜨려 허허벌판에 심고 싶다는 생각을 한다 더 더 끝까지 자라고 싶다고 읊조린다 그런 상념에 빠질 때면 나무가 유액을 분비해 스스로를 보호하듯이 눈을 깜빡인다 눈물주머니에서 일정하게 눈물이 분비된다 나는

 나무에게 꽃이 열릴 것을 기대하지 않고 체리나 복숭아 과육을 얻을 것을 바라지 않는다 그건 나의 나무가 아니다 나는 나무가 어느 날 우리 집을 뚫고 맹렬하게 자라 거리와 도시로 뻗어가리라 생각하지 않으며 마찬가지로 내가 끝도

없이 펼쳐진 대지와 맞닥뜨려 나의 반경을 몽땅 부숴가리라 확신하진 않는다 그러나

　나무는 간혹 토분 바깥으로 실뿌리를 내보내며 나는 올해 첫 여름비가 내리는 날 나무와 거리에 앉아 수없이 떨어지는 빗방울을 맞을 수 있을 것이다 한사코 한사코 그것은 나무와 내가 나눠 가지게 될 아주 개인적인 사건이다

여름 장마 검은 구름

다가오는 검은 장마 구름을 보며 생각하네

구름은 참 많은 일을 할 수 있다고

끊긴 마음의 교차점을 흐리게 하고

씁쓰레한 풀 내음을 공중에 묶어두고

불현듯 발목을 적시는 물웅덩이를 깨닫게 하지

그렇지만 여름 장마 검은 구름

지나오면 구름이 하지 않는 일을 떠올리네

서랍을 열어 새 가두기

다른 풍경이 담기지 못하게

한 사람의 눈동자 속에 오래 머무르기

가닿을 곳 정해두기

여름 장마 검은 구름

쫓지 않고 돌아보면

인사 없이 다짐 없이

말끔히 사라져 있네

거짓말처럼 하얗네

Stair Dust Corners

계단에 먼지가 쌓이지 않게 하는 물건을 발명합니다

내가 발명하는 건 대체로 그래요

당신의 빗자루질이 편해지도록

모서리를 골몰하는 것

뾰족하지 않게 스치게 하는 것

요즘은 새벽녘 티끌 같은 시간을 만드는 중입니다

동이 틀 때까지 무언가를 읽고 씁니다

당위나 의무는 없고 다만 기쁨이 있습니다

실바늘 같은 빛이 무수한 스펙트럼으로 다가올 때

백지를 펼쳐두고 관찰합니다

다르다는 것이 나를 전율케 합니다

흩뿌려진 먼지가 구름을 만들고 빛을 산란케 하고

지상에 눈비를 내리게 합니다

나는 서사로 묶이지 않는 작고 생생한 몸으로

세상을 발명합니다

날이 밝아오고 창문을 열지 않아도

내 책상엔 빛 부스러기가 잔뜩 묻어 있습니다

야광충

잔물결이 육지에 닿아 푸르게 빛난다 수온은 온화하고 쪽빛이 발가락 사이로 밀려왔다 빠져나간다

스스로를 보호하기 위해 빛을 내는 거야, 언젠가 네가 말해줬지 이국의 해변에서 보았던 풍경을 묘사하며 그날 오후 네 몸 어느 구석도 햇살이 닿지 않은 곳은 없었다

순식간에 빛 더미가 너울댄다 바위에 부딪히고 발등에 닿고 세계가 출렁일 때마다 발광한다 잠시 어둡다

한밤의 일이야, 정찰병은 홀린 듯이 일렁이는 빛무리를 보다가 깨달았어 저 깊은 심해에서 잠수정이 오고 있다는 걸 주위를 감싼 푸르고 아름다운 빛 때문에 그 윤곽 때문에

폭격이 일어나고 너는 몸이 닿는 곳에 더는 빛나는 것이 없다는 듯 움츠리지만

부딪치면서 나타난다 여겼던 빛은 이미 네 몸 안에 있던 것이었지 그 불빛이 유일한 보호였어

푸른 광채가 일렁인다 수온은 온화하다 한 걸음 내디딜 때마다 물결에 쓸려가지 않는 작은 호위가 일어난다

세계의 첫 독자

당신이 글을 쓰는 동안 잠에 듭니다
아침에 일어나면

전날 밤 당신이 흩뿌린 단어들을 읽죠
손목의 맥박을 짚듯 주의를 기울입니다
흐르는 것이 느껴져요

그 순간 나는 이 세계에서 당신의 첫 독자가 됩니다 완성하기 위해 지워야 했던 수많은 문장을 기억하는 유일한 사람이 됩니다

내가 세계의 첫 독자가 되어 책장을 넘기는 동안
당신은 잠꼬대하죠
몇 겹으로 둘러싸인 꿈의 내막을 헤매고
온몸을 비틀며 자세를 바꾸죠
연약하고 무방비하게

자유로이 흘러가도록

종이를 뒤집어요
당신의 꿈이 당신에게 속한 채로
<u>흐르도록</u>
자리에서 떠나요

*
*

 나와 당신이 사랑하는 개와 단둘이 골목을 걷습니다 걸음은 가볍고 노인이 앞뜰에 심어둔 라일락 나무는 만개했습니다 당신이 여백으로 남겨둔, 행간 속 숨은 공간이죠 부지런한 상인들이 목청을 높여 과일을 팔고 개를 알아본 이웃이 인사를 건네네요 어느덧 강입니다 일상이 잔잔히 모습을 드러내며 빛나고 저는 잠시 평온해요 잠수하는 오리와 당신과 내가 사랑해 마지않는 개, 풍경과 함께 흩뿌려진 문장이 겹치며 이곳을 새롭게 읽게 합니다 페이지가 넘어갑니다 돌아갈까요 이제 당신이 깨어날 시간이네요

3부

매일의 사랑

투명하고 순한 눈들이 있다. 먹을 걸 줘. 계속 줘. 세상 밖으로 날 데려가서 골목의 냄새를 모조리 맡게 해줘. 지표에 처음 닿는 눈, 빗방울, 누군가 남김없이 눈물을 닦다 버린 휴지와 음식물 쓰레기에서 흘러나온 검은 물, 하수구……

소스라치게 깨끗하고 더러운 것까지 난 좋아해, 말하는 눈. 그 눈은 어떻게 쓰다듬어줘야 할까. 힘을 주면 터지고 방심하면 손안에서 굴러떨어지고 베개 밑에 숨길 수 없는, 매일 말을 거는 그 눈들을.

독을 줘도 먹고 먹다 버린 음식을 줘도 먹어. 네가 준 것이라면 뭐든 먹어. 이 절대적인 믿음. 가슴에 비수를 꽂지 않는 방식으로 모든 비수를 꽂을 수 있는. 속이지 않고 때리지 않고 후려치지 않고 울리는 눈들. 깨닫게 하는 눈들. 투명하게 생을 욕망하는

그 앞으로 간다. 남기지 않고 몸을 훑는다.

표범

남편은 모른다
내가 한밤에 얼마나 은밀해지는지

한 모금의 물을 마시러 어떻게 국경을 넘는지
가볍고 민첩하게 밤하늘을 건너가는지
히잡을 뒤집어쓰고 횃불을 들고 거리를 밝히다가
어떻게 맹수처럼 번뜩이는 총구를 물어뜯는지

고인 핏물에 목을 축이며
피보다 진한 장면을 어떻게 똑똑히 기억하는지

남편은 모른다
모른다

막다른 길목에서도 내가 어떻게
적의 뒷덜미를 물어 암살하는지
포복하고 기어 덮치는지

찢긴 히잡으로 수면을 쳐 어떤 물결을 일으켰는지
숨통 끊은 군홧발을 나무 위에 전시하며
어떤 거친 덤불숲을 걸어왔는지

모른다

모른다
남편은

피를 씻길 수 있는 건 맑은 물이라는 걸

모른다
아무것도

물컵

깨지지 않을 이유보다
깨질 이유가 많다

날아가지 않을 이유보다
날아갈 이유가 더 많듯

부서질 수 있어서
부서짐에 대해 함부로 말하지 않게 됐다

가로지를 수 없는 모순이 있어
당신은 당신다워지고
나는 나다워졌다

차가우면 차갑게
뜨거우면 뜨겁게

물컵은 어떤 상태에 이르기 위해
격렬히 고요하다

통째로 엎어진 나뭇가지의 잎들이
바닥에서도 시원하게 일렁인다

눈보라

사람을 죽인 것이니. 네가 물었다. 귤 쌓인 식탁에, 부드러운 손으로는 어중간한 이빨로는 끊어지지 않는 질기고 질긴 불길함에 날 혼자 둔 이유가 정말 그것 때문이었니. 네가 묻는다.

정말 찔렀던 것이니. 우는 나를 두고 너와 함께 살고 싶은 나를 두고 밤길을 나선 이유가 무엇 때문이었니. 나의 곁이 아니라 어떤 이의 마지막 장면이 되고 싶었던 거니. 잠든 나의 등 뒤에서 어떤 살의를 남몰래 키우고 있던 거니.

계획과 계획. 찌르고 찌르기. 어떤 변명을 할 거니.

고요한 눈보라. 악몽 속에서 네가 잠꼬대한다.

깨울 수 없다.

현장

 역사에 안내 방송이 나온다 경적이 울린다 나는 첫 번째로 줄 서는 것을 망설인다 이 역에는 스크린 도어가 없으니까

 십 년도 더 된 일이다 한 남자가 철로 쪽으로 나를 민 건 한 걸음 더 균형을 잃었더라면 틀림없이 추락했을 거야

 없던 일처럼 잊고 지내지만 정신보다 몸이 더 오래 기억하는 일이 있다 넘어서려 할 때 강제적으로 선을 감각하게 하는

 객실에 들어선다 취객을 발견하면 칸을 옮긴다 고개를 앞뒤로 흔들며 반복적으로 통로를 오가는 이의 눈을 피한다 저 행동엔 어떤 이유가 있을까 그 사람은 이유를 알까 아니면 오래전 깨닫고 이미 잊었을까

 바깥의 밤공기가 차다 한 여자가 신호등 앞에 주저앉아 운다 가까이 다가서는 순간 저 안쓰러움이 돌변하진 않을까, 다시 몸이 앞선다 마음이 한 칸 뒤로 물러난다 나는 멈춰 있다

다가서지도 않고 다른 곳으로 도망가지도 않고 여자가 그치지 않는다 누군가 건너가고 있다는 걸 알리기 위해 횡단보도에는 흰 선이 그어져 있다 어둠과 대비되게

생크림

　생크림은 직접 마트에서 사 와요 에스프레소가 우유에 풀어진다 전쟁 때문에 거래처에서 공급을 끊었거든요 유리컵을 받아들고 의자에 가 앉는다 채광이 잘 든다 나는 크림 라테를 주문한 걸 후회한다 풍부한 지방이 함유된 것 실크처럼 광택이 도는 것 혀에 닿으면 포근하게 허물어질 생크림을 스푼으로 휘젓는다 에스프레소, 얼음과 섞여 형체를 잃고 캐러멜색으로 물들 때까지 저 너머의 땅에서 어떤 흰 것들이 굳어가며 얼룩지는지, 가라앉지 않고 표면으로 떠오르는지, 뒤섞이지 못하게 장면을 밀어내면서 조금씩 나누어 삼킨다 모든 빛의 색을 더해 나타난 흰빛이 어두운 몸속으로 빨려들어간다

트렁크

텅 빈 나의 은빛 트렁크

세상으로부터
사라져버리겠다고 결심했을 때
옷가지를 챙겨 헌옷수거함 앞에 섰을 때
한때 간직하고 싶었던 것이 이토록 가볍다는 게 놀라웠지

웃음이 나지 않았다
그건 나에 대한 예의가 아니니까
울지 않았다
눈동자와 뺨을 얼어붙게 하니까

다다른 내리막길
힘차게 굴러가는 바큇살
나의 한 시절이
경쾌하게 저 아래로 굴러떨어지고 있다는 감각

여기가 어디인지

어디로 가고 있는지
해독하고 싶지 않다면

나무에 걸린 태양 속으로 걸어가면 된다
흑점 같은 검은 잠이
생성되고 소멸하고 다시 태어날 때까지
멈추지 않으면 된다

여행자는 영락없이 길을 잃는 자이지
길을 안내하는 자가 아니다

지상의 어느 한 지점을 향해
맹렬히 떨어지는 햇빛을 보면
몸을 열어 채우고 싶다
떠오르지 않고
더 잘 가라앉기 위해

부딪치고 두드리면

텅 빈 소리가 울리는

나의 은빛 트렁크

반드시 지켜야 할 것과

대단한 무언가를

담은 적도

누린 적도 없는

나의 트렁크에 대해

아직은 실패라고 말하지 않는다

여기에 오고 싶었어요

오늘 나는 저 높은 집에서 떨어졌어
한참
추락할 것 같았는데

오래전부터 여기에 오고 싶었어요
부러진 곳 없이 몸은 밑바닥에 잘 닿았어

도망간 이웃집 여자는 여전히 돌아오지 않았대
불어오는 바람에 누군가 접어둔 베갯잇이 날아갔고

그녀가 원한다면
나는 영원히 그녀가 돌아오지 않길 빌어줄 참이야

숲속의 둥지는 비어 있어
인간이 건드린 둥지는 더는 안전하지 않기 때문에

둥지의 새끼는 떨어지기로 했어
이끼와 여린 풀잎이 새끼를 포근히 감싸줬어

저항하면서 날아갈 수 있게
공기가 날개를 밀어줬어

폭발할 것처럼 굉음을 내며 전진하는 기차
어디에도 눈을 둘 수 없는 어지러움
눈을 감았다가 떴다가

가라고, 가라고

집을 빠져나온 내가
저 밑으로 나를 밀어주었어

벌루닝

암거미가 새끼들을 등에 지고
잎의 곡선을 따라 미끄러진다

땅에 안착한다
등은 우글우글하다

너무 무거웠어
엄마가 말한 적 있다
갓난아기였을 때 넌 내 등에서만 잠을 잤지
새벽 내내 널 업고 밤거리를 쏘다녀야 했어
조금은 미친 사람처럼

기억나
빨판처럼 엄마 배 가슴 등에 달라붙던 것
귀를 대 심장 소리를 듣고
느껴지는 체온으로는 부족해서
품을 파고들고 빨고 또 빨아들였던 것

엄마는 저항하지 않았지

밤에만

엄마가 허락하는 만큼만

새끼들이 지상으로 내려온다

암거미와 새끼는 뿔뿔이 흩어진다

평화롭고 자연스러워서

이질적이다

궁금하다

숲과 굴에서 단잠을 자다가

바위에 묻은 이슬을 빨고

매복하다가

다 큰 새끼도 엄마 거미에 대해 쓰고 싶은지

지금의 나처럼

엄마는 집요하게 사랑한다고 적는다. 슬리퍼를 끌고 발가락이 새까매질 때까지 모든 골목을 헤맬 만큼 잠든 아기를

깨우지 않고 울 수 있을 만큼 매일 밤 넘치는 자신을 틀어막을 수 있을 만큼

    엄마는 무섭도록 사랑한다고 적는다. 아이가 꽃병을 놓치고 단숨에 울음을 그칠 만큼 혼란과 사랑으로 부풀어 등 뒤에서 분열된 비밀을 품을 만큼 엄마가 들을 말과 듣지 않을 말을 다 알아차릴 수 있을 만큼

    그래서 어떤 말은 엄마가 평생 듣지 못할 거야

    나는 엄마를 인간에게서 벗어난 잡초처럼 사랑한다 분질러질 것을 알면서도 빛을 보면 잡고 싶은 꽃의 건망증처럼 사랑한다 얼굴에 새겨진 주름과 흉터를 상형문자처럼 읽다가 솟구치고야 마는 무력한 분노로 사랑한다 아무리 닦아도 입가에 조금씩 고이는 침처럼 실뿌리에서 새고야 마는 물처럼

    나는 기어나간다
    바람을 찾고
    가는 실을 뿜어

이 글 위에서 날아간다

대화천

뱀을 처음으로 발견했을 때 그것은 거의 죽은 듯했다 돌에 얽혀 제자리에서 너울대는 수초와 다름없었다 그때 사거리와 인접한 길로 건너려 하지 않았더라면 징검다리에 쭈그려 앉아 유속이 불러내는 하천의 밑을 보고 싶지 않았더라면 뱀과 만날 일은 없었겠지

꼬리를 들어 올려 품에 안았다 뱀은 에메랄드빛이 감도는 회녹색을 띠었고 산발적인 흰 반점이 돌기처럼 도드라져 있었다 어떤 뱀아목인지 검색하지 않았다 이제 나는 인간이 명명한 것을 찾는 데 흥미가 없다

뱀은 나를 제외한 것에 관심이 많아 보였다 물과 잠과 벽과 허기, 허물벗기와 온몸 비비기 나는 방을 통째로 뒤엎었다 책상과 침대를 버리고 모아온 골동품을 처분했다 방의 수위가 드러났다 잃어버린 줄도 몰랐던 속옷과 동전 몇 개, 뜯긴 상품 라벨…… 그것이 내 방의 밑이었다

드러난 수위는 동굴 구조물과 수석, 양치식물로 채워졌다

그곳에 뱀을 풀었다 대야에 담긴 물이 말랐다가 채워지는 일이 반복됐다 담긴 물에 서로를 비춰 보았다 뱀은 성대와 귀가 없었고 빗방울을 막을 눈썹이 없었다 내게는 두 갈래로 갈라진 혀, 살기 위해 온몸을 비틀어 벗을 허물이 없었다

    창밖 실외기에 새가 날아와 지저귀었다 그 소리에 맞춰 손으로 쿵 쿵 바닥을 울렸다 작고 빠르게 뱀은 내 어깨에 올라 푸드덕거리는 새의 움직임을 응시했다 뱀은 새의 지저귐을 두드림으로 알았을까 아니면 내 심장 박동과 겹쳐 울리는 또 하나의 진동으로 느꼈을까

    해가 기울고 외풍이 드세졌다 차가운 빛이 들이쳐도 뱀은 방의 남쪽, 가장 온화한 자리를 찾아냈다 나와 뱀이 머물 만한 크기의 다각형, 그곳에 누워 깊은 잠에 빠질 때면 뱀은 작은 이로 손목을 물어 날 깨웠다 일어나 커튼을 젖히면 이른 오후, 뱀과 나에겐 두드림에 가까운 지저귐이 있었고 벗을 수 있는 허물과 벗을 수 없는 허물이 있었으나 방은 언제나 왜소했다

대화천으로 갔다 수초가 엉켜 너울거리는 곳을 지나 길과 길을 잇는 돌계단이 부서진 곳을 지나 고요한 수면에 뱀을 내려놓았다 뱀은 몸을 말며 소용돌이쳤고 꼬리 끝으로 물결을 건드렸다 멀리 미끄러지듯 헤엄쳤다 나는 노래하듯 중얼거렸으나 그건 뱀과 나에게 나란히 잊히기 좋은 음조였다

순록

　여름의 호수가 있었습니다. 무성한 풀이, 조각조각 빛나는 물비늘이, 들판이 있었습니다. 가로지를 강이 있었습니다. 무리와 함께 헤엄칠 수 있는 드넓은 강이

　굶주린 늑대가 있었습니다. 긴 겨울이 있었습니다. 새하얗게 내리는 눈이, 푹 푹 빠지는 눈밭이 있었습니다. 발굽으로 헤치면 차갑고 신선한 이끼가 있었습니다. 더운 혀로 녹여 먹기 좋은 이끼가

　끊어졌습니다. 철책이었습니다. 도로였습니다. 전방을 끝없이 치고 나가는 트럭이었습니다. 국경선처럼 이어진 송유관이었습니다. 가죽에 덕지덕지 달라붙는 기름 찌꺼기, 마실 수도 헤엄칠 수도 없는 검은 강, 줄어들고 줄어드는

　여름의 호수가 있었습니다. 호수라는 것이. 겨울이라 부를 수 있는 것이 있었습니다. 눈밭을 지우며 검은 연기가 솟아오릅니다. 온 계절을 잇는 공장은 멈추는 법이 없고 굶주린 늑대는 더 굶주린 늑대가 되어 사라진 지 오래. 천적이 없어도

우리는 늙지 않고, 매일 불타는 냄새를 맡습니다. 갈 곳을 잃고 도로에 주저앉아 쓰러지는 것들은 쓸모가 없고 불에 던져지는 것들은 돈이 된다고 들었습니다.

미래의 얼굴

미지근한 물이 한 잔. 두 잔. 한 아이를 기다리며

정말 살인적인 더위다. 두건을 두르고 생수를 파는 상인을 불러 세우지 않을 수 없는, 화단의 꽃들이 열기로 급속도로 시드는 거리에서

나는 시간을 죽이고 있지. 한 잔 더.

땀을 훔치는 웨이터에게 손짓하는 사이

그늘에 누워 있던 꼬마가 참지 못하고 분수대로 뛰어들었지.

물줄기를 쏟는 천사의 동상 아래로

아무도 저지하거나 웃지 않았지.

엎질러진 물이 두 잔. 한 잔. 벌목된 숲에서 산불이 일고 검은 재가 눈처럼 휘날리고 파산─ 물고기가 물고기를 드러내

는 동안

얼음을 경쾌하게 씹으며 이 도시에 널 초대해도 될까? 여름이 지나고 너에게 새하얀 눈을 보여줄 수 있을까?

공항이 폐쇄되고 떠나야 할 자들이 기약 없이 빈방을 찾고 조명탄이 켜진 듯 밝은 밤이 지속되는 이곳에서

널 키우고 싶다면 우스울까.

뻗어 나온 양팔은 포옹보다 파괴가 어울려 보인다. 손목의 시계가 수갑을 찬 듯 조여온다. 건물이 만들어낸 그늘로 사람들이 몰려든다.

바닥난 빈 잔이 한 잔. 두 잔. 일렁이는 물에 꼬마가 얼굴을 푹 담근다.

태어날 너의 이목구비가 궁금하다.

전망

친구는 나무가 보이는 곳에 살고 싶다고 했습니다. 이파리가 베란다 통창을 점령해도 좋다고 했습니다. 콘크리트가 지겹다고 했습니다. 도로를 절삭하고 파쇄하면 그 아래 어떤 것이 있는지 만져보고 싶다고 했습니다. 나무뿌리가 어디까지 도시를 파고들었는지 정말 궁금하지 않느냐고 묻던 친구는

언젠가부터 나무가 보이는 집만 찾아다닌다고 했습니다. 월세와 전세, 반전세, 오래된 빌라와 옥탑. 여름날에도 땀을 뻘뻘 흘리며 친구는 발품을 팔지만, 간신히 얻은 한 그루의 전망을 사람들이 그리 쉽게 내놓을 리 없습니다.

잎갈나무, 개오동나무, 찰피나무…… 잎갈나무는 백두산 원시림을 이루는 대표적 나무이며 개오동나무는 예부터 벼락이 피해 간다 하여 신성시되었습니다. 피나무는 종류가 많지만, 둥근 열매의 옅은 줄로 구분될 수 있습니다. 희미해진 친구의 소식은 끊겼지만 그 많은 이름을 그에게서 다 배웠습니다.

전기톱으로 베어내고 굶주려 사나워진 멧돼지가 돌진하여 들이박아도 여전할 것입니다. 갈매나무, 구상나무, 눈측백, 손 위로 안착하는 꽃잎

세계로부터 나무 한 그루 훔칠 생각만 합니다.

담수 폭포

듣고 있어
듣고 있어

사람이 건넨 말이
깊이로 고일 때
높이로 설 때
피가 멎었다는 걸 알았어

멎지 않았더라면
듣지 못했을 테니까

아침에는 네가 말해준 적 있는 문장을 주석에서 찾아냈어
 주석은 본문을 설명하지 않았고 본문은 있는 그대로 충분해 보였어
 서로를 필요로 하지 않는다고 생각했기 때문에 보이지 않았던 거야

 빈자리가 되어야만 보이는 게 있지

공중전화 부스가 사라진 공터에 길고양이들이 몰려들듯이
조각조각 깨지고 나서야 병동의 창문이 구름을 담을 수 있게 되듯이
뒷목의 단추가 또렷하게 불러내는 손길도

상관없는 날이 오고야 말지

나 듣고 있어
듣고 있어

다른 사람의 자질구레한 일상과
정착할 수 없는 사랑 이야기로 흘러가는 하루
무심함

너를 좋은 사람이라고 말할 수 있을 것 같아

칼로 찔러도 아프지 않은 투명층처럼

연락

의자가 비어 있네 1교시 2교시 3교시……

이따금 고개를 돌려 네가 앉던 자리를 바라보았어

봄바람에 실려 온 송홧가루가 꿀벌 색을 띠며 내려앉았지 규칙 없는 문양으로, 해석할 필요가 없는 흩뿌려짐으로

참 아름답다

그것을 그러모아
후,
공중으로 날려 보낸 건 너와 내가 지난봄에 한 일이었고

너는 어디서든 기대기만 하면 잠이 드는 장기가 있어 한 번씩 고개를 기울여야 했지 숨을 쉬기 위해 몸이 꺼졌다가 부푸는 것이 느껴지면 안심이 됐어

여전히 노곤한 잠 속에서 곤하게 코를 골고 있니?

초능력이 없어도 공상만으로 어디든 다녀올 수 있고, 되어 본 적 없는 몸을 희미하게 그려볼 수 있다고 말하고 있니?

네가 상상 속에서 가닿은 자리까지가 너의 반경이라면

투명한 네 흔적이 묻은 곳이라면

다음 봄에는 진심으로 기뻐할게

다시 너와 만났다고

미라도르

떠나기 전에 꼭 가봐야 해요

불볕더위를 뚫고 전망대로 향한다

요새와 궁전이 형성한 전망을 한눈에 볼 수 있다는 곳으로 간다 이곳에 이십 년쯤 살았다는 여자가 권했기에

나는 그 말에 큰 기대를 갖진 않지만 그래도 간다

여기 사람들은 오감이 즐거워야 행복한 거라고 믿었어요 그녀가 옛 왕조의 정원, 아티초크 꽃밭으로 날 데려가고 코끝에 향기로운 잎을 대주고 낮은 곳에서 속삭이듯 흐르는 물소리에 귀를 열게 해주었으니까

버스를 기다리고 같은 곳을 향해 가는 사람들과 나란히 걷고 땀을 닦고 얼린 생수를 마신다 오르막길을 오르면서도 중간에 내려갈 생각은 하지 않는다

악기 소리가 들린다 다다른 전망대는 좌판을 깔아둔 상인들, 연주자들의 무대에 가까워 보인다 악사의 옆에서 드레스를 차려입은 여자가 춤을 추고 나는 알아들을 수 없는 노랫말을 좇는다 그늘 한 점 없는 빛 속에서 붉은 흙으로 지어진 성을 바라본다

이것이 내가 보길 바랐던 풍광이었구나, 그녀와 거닐던 거대한 궁전을 멀리서 사진으로 남긴다 곧이어 돌아선다 너무 오래 머물지 않아도 되는 풍경 같아서

좌판대의 값싼 묵주함이 햇빛을 받아 반짝인다 다시 길을 나선다 누군가가 보길 바라는 전망이 있다는 걸 믿을 수 있다 음악이 잦아들고 활짝 열린 상자함으로 동전 떨어지는 소리가 들린다

이파리는 레이스처럼 펼쳐진 관다발로 엮인 접시

잎을 모아 바구니로 엮거나 왕관으로 쓰지 않습니다

허기를 달래 줄 찐 감자나 레몬도 담지 않아요

하나의 잎 옆에 또 하나의 잎을 땅에 펼쳐둘 뿐입니다

불어난 개울이 잎의 흐름을 흩뜨리며 산 아래로 내려보내도 가위개미가 초록을 오려 가져가도

빼앗지 않아요 잎사귀와 잎사귀를 내려놓습니다 어디가 처음이고 끝인지 중요하지 않을 거예요 형태는 없을 겁니다 반복되고 이어지는 행위만이 중요합니다 관다발이 물의 통로가 되어 뿌리에서 잎으로 잎에서 뿌리로 양분을 실어 나르듯

초록이 부풀 겁니다

숲이 터져 나올 거예요

별들이 홀로 나지 않고 기체 기둥에서 한꺼번에 탄생하듯이

독점 없이 퍼뜨리고 나란할 겁니다

멀리서 보면 꼭 땅을 이어 바느질하는 것처럼 보일 거예요

↙ 호프 자런, 『랩걸 Lab Girl』(김희정 옮김, 알마, 2017)

발문

모자라는 말

선우은실 / 문학평론가

    짐짓 불가능한 과장된 비유를 끌어와 사랑하고 있음을 여러 번 고백하는 동화『나는 너를 너무나 사랑해』(안 에르보, 윤경희 옮김, 봄날의 책, 2025)에는 초과하는 말이 범람한다. "나는 너를 너무나 사랑해/ 새 한 마리가 폴짝 뛰었을 뿐인데/ 우랄산맥의 대도시에서 우렁차게 울리던 오페라가 멈춰버렸"다며 과장하고, 내리는 비는 아무것도 지우지 못할 것이라 말하면서 "느낌의 언저리만 맴도는 말은 얼마나 하찮은지./ 느낌은 결코 하찮은 게 아니기 때문"이라고 말한다. 이렇듯 말을 훌쩍 넘어서는 느낌 또는 감정에 대한 표현을 두고 동화의 역자 윤경희는 다음과 같이 해설했다.

> 달리 말하면, 내게 저절로 걷는 구두가 있다는 것은 거짓이지만, 내가 너를 너무나 사랑한다는 것은 참이고, 그저 사랑한다는 단순하고 정직한 말로는 내 사랑의 커다람을 표현할 수 없다는 것도 참이다. 말이 모자란다. 언어의 궁지에 부딪쳐, 과장하는 자는 정직하고 객관적인 언술의 한계를 뛰어넘고자 다른 말들을

그러잡아 멀리 저 멀리 힘차게 던져 날린다.↳

언어가 모자란다는 듯이 과장함으로써 표현하는 것. 이것은 어쩌면 포스트모더니즘 시대 언어의 숙명인지도 모른다. 포스트모더니즘의 도래가 공공연해진 이후, 사실 우리는 모자라거나 미달하는 속성으로 개념화되는 언어에 익숙하다. 어떤 상태가 순식간에 어느 지점에 도달하는 식으로 유동할 때 언어가 바로 그 순간을 정확하게 포착하지 못한다는 것, 혹은 언어로 표현되는 순간 또다시 그 언어로부터 놓여나 다른 상태로 흘러간다는 것을 우리는 미끄러지는 언어라고 말하곤 한다.

그러나 나는 의심한다. 언어는 과연 상태에 미달하는가? 기호학에 따르면 언어는 하나의 '기호'로, 심상적 정의인 '기의'와 물리적 표상(소리, 문자 등)인 '기표'의 조합으로 이루어진다. 그러한 언어가 상태에 미달한다는 말은 기표의 한정적 성질 때문이기도 하다. 표현되는 것은 그 자체로 형식적으로

↳ 윤경희, 「사랑의 동어반복과 변주」

완결된 틀을 지닌다는 점에서 그렇다. 하지만 기의의 경우는 어떠한가? 가령 '사랑'이라고 말할 때 [sarang]이라는 음가와 '사랑'이라는 문자로 드러나는 기표는 일정한 형식을 벗어나지 않는데, 기의도 그러한가? 기의는 기표를 자각할 때 머릿속으로 떠오르는 개념적 정의인데, 추상적 언어에 대한 기의의 작동은 그리 단순하지 않다. 누군가 '사랑'이라는 기표로부터 색깔, 온도, 모양(형태) 혹은 특정한 대상, 사건, 행위(포옹과 같은)를 떠올릴 수 있고, 나아가 사랑과 인접한 형식, 행위 등을 붙여나갈 수도 있다. 즉 현존하는 상태가 언어가 포착하는 그 순간보다 더 역동하듯, 언어를 이루는 기의 또한 현존하는 순간을 낚아채기 위해서만이 아니라도 특정한 언어적 순간에 붙잡혀 있지 않다.

그런 까닭에 사랑을 말함에 언어가 모자란다는 말은 언어가 상태나 현존에 미달한다는 뜻이 아니라, 상태를 향하는 언어가 발화되는 그 순간에조차 멈춰 있지 않고 깊어지거나 넓어지고 있다는 의미다. 언어는 계속 깊어지고 높아지는 중이

라서 발화되는 바로 그 순간에 우리는 늘 무언가가 모자란다고 느낀다.

    기본적으로 '시'라는 장르가 모자라는 말의 향연이다. 함축된 언어로(꼭 비유, 상징으로 쓰이고 있지 않다고 하더라도) 넓은 저변을 포괄하며, 한 줄의 문장으로 심연을 들여다보게 만들기 때문이다. 그에 더해 정다연의 시는 모자라는 말, 아니 (모자라는) 말을 모자라게 씀으로써 사랑을 말하려고 하기에 대담하고, 사랑을 말함에 끊임없이 모자람의 상태를 드러내기에 과감하다.

    저녁에 산을 올랐다 가볍게 오르기 좋은 야트막한 산

    오후 내 내린 비로 돌은 미끄러웠고

    개구리를 밟게 될지 몰라 플래시를 켜고 걷자
    말한 건 너였다 너와 난 발밑을 살폈다

딱 한 걸음 앞을 밝혀주는

빛과 함께였다

채 소화되지 못한

빗물이 철벅거리며

바짓단에 흔적을 남기는 동안

하늘은 그 많은 비를 털어 내고도 조금도 개운치 않아 보였다

거절당할 게 분명한 순간에 왜 사랑을 확인하고 싶을까?

모르면서 네 손을 잡았다

어둠이 어둠인 것도 좋았다

산에서 내려오는 동안

너와 나는 두 마리의 개구리를 발견했다

수풀은 흔들리며 발치에 닿았다

바짓단에 무엇이 붙은 줄도 모르고
너와 나는 세상으로 작은 열매를 날랐다

—「히치하이커」 전문

 이 첫 시는 시집의 장대한 여정의 결말을 선행적으로 드러내는 파일럿 에피소드라고 해도 과언이 아니다. 표면적으로 지시하는 것만 읽자면 이 시는 간단하다. 두 사람이 저녁에 산을 올랐다. 플래시를 켜고 발밑을 살피며 걸었다. 어둠과 빛과 빗물이 있었다. 두 사람이 손을 잡고 걷다가 개구리를 발견했다. 바짓단에 무언가 열매가 매달린 채로 돌아왔다. 이것이 전부다. 함의적으로 읽히는 문장이 여전히 남아 있기는 하지만, 이 요약에 따르면 이 시는 두 사람이 어둑할 무렵

발밑을 살피며 뒷산에 올랐다 내려오는 작은 사건을 묘사한다. 시를 읽은 누구라도 이 요약이 특별히 틀렸다고 여기진 않더라도 이것이 전부라고 생각지는 않을 것이다. 그럼 '전부'는 무엇인가?

    시를 다시 읽어보자. 저녁에, 그것도 비가 오른 뒤 산에 오른 탓에 산책길이 까다롭다. (저녁에 산에 오른다, 오후에 비가 왔다는 사실이 시간 역순으로 쓰여 있기 때문에, 우리는 산책길을 두 번 머릿속에 그려야 했다. 그래야 하는 까닭이 있을 것이다.) 비가 온 뒤 해 저물 무렵의 산책인지라 그 걸음이 안전하지 않다. 무엇이 안전하지 않은가? "개구리를 밟게 될지 몰라"서 플래시를 켜고 걸었을 때, 이들은 개구리를 밟을 자신을 걱정하는 것이 아니라 밟히게 될지도 모를 개구리를 걱정한다. 바로 그런 의미에서 개구리를 밟을지도 모를 자신의 걸음을 우려한다. (앞서 산책길을 시간의 도치를 통해 두 번 상상하게 하는 것과 같은 방식으로, 이 시 역시 플래시를 켜고 걷는 이유, 개구리를 밟지 않겠다는 말의 뜻을 이와 같은 방식으로 도치시킨다. 이 문장의 진의는 시의 맨 끝에서 밝혀진다. 밟히지 않은 두 마리 개구리를 발견함으로써 말이다.) 그러던 중 화자는 느닷없이 사랑이 거절당할지도 모르는 바로 그 순간에 사랑을 확인하고 싶은 마음에 대해 불쑥 발설하고 옆에 있는 이의 손을 잡는다. 화자의 손 뻗음으로 상대에게 거절당할지도 모르는 그 순간이 사랑의 확인으로 드러난다는 듯이, 어둠에서 손을 뻗으면 그 손을 맞잡는 형식으로 거절될 거라 믿었던 사랑이 거기 있음으로 확인된다는 듯이. 이어지는 "어둠이 어둠인 것도 좋았다"라는 말은 오직 어둠만이 분명한 상황에서, 단언했던 예상(개구리를 밟거나 거절당할지도 모른다는 것을 포괄하는 '어둠')은 뒤집어지고 궁구하던 것을 맞이하게 될 수도 있을 낙관으로 이어진다. 어둠은 그저 어둠이 아니라 상상하는 대로 깊어지는 가능성이다.

짐짓 이런 거대한 이야기가 아닌 척 심상하게 한 페이지가량 쓰인 이 시를 읽으면서 우리는 말의 모자람을 경험한다. 이 시에서 지시하는 언어가 발화되는 순간에 이미 그것보다 더 멀리 가 있다는 사실을 경험함으로써, 각 문장을 읽는 지금 당장은 이 언어가 조금 모자란다고 느낀다. 그러나 그것은 의미의 도치를 거듭하며, 말이 모자란 것이 아니라 뜻이 깊어진 것이며, 언어가 이미 저기 멀고 깊은 곳에서 우리를 끌어당기고 있음으로 뒤집어진다. 마치 시 속 두 사람의 바짓단에 붙은 무엇이 퍼져나가듯, 이 시를 읽고 느낀 어떤 것이 더 깊고 높은 곳으로 흘러간다.

실로 이 시를 처음으로 하여, 이 시의 언어는 더 멀리 가고 모양을 바꾸어 이어진다. 나와 너, 그리고 개구리라는 존재 셋은 여름 대삼각형을 이루는 데네브, 베가, 알타이르의 세 꼭짓점이 되어 따로 떨어져 각자의 자리에서 빛날 때 비로소 하나의 형태로 이어져 감각된다는 광학적 시야를 제공하며(「여름 대삼각형」 연작), '어둠'에 대한 두려움은 "세상이 무서워지기 전까진 세상을 무서워하지 마라"는 할머니의 말을 관통하며 '두려움에 대한 가정된 단언'을 뒤집은 것으로 도치된다.(「빛 헤엄」) 그런 한편 타인의 마음을 헤아리는 것에 실패할지도 모른다는 낙담은 "불 끈 사람의 마음을 알고 싶어서" 어두운 공간에서 설거지하는 사람을 통해 어둠 속에서는 "무엇이든 쉬이 깨질 수 있다는 사실"을 되려 깨치는 모습으로 뒤집어진다.(「불 켠 사람」)

 그리하여 이 모자라게 쓰인 최초의 언어들은 그것이 던져지는 순간부터 내내 깊어지는 중에 확장되는 의미의 확보와 더불어, 그렇게 하면 할수록 계속 탄생하는 모자란 언어의 빈 공간을 계속 그러한 형태로 남겨두겠다는 약속에 다다른다. 가령 너에게 가며 마주치는 모든 것에서 행복을 담아가겠다는 듯이 약속하는 화자가 "너에게 어떤 근사한 걸 줄지, 멈추지 않고 꿈꾸는 사치"(「사치」)를 누리겠다고 말할 때, 꽃을 팔지 못해 문을 닫지 못한 꽃가게 주인의 마음을 감히 뒤적이지 않고, 너에게로 향하는 길에 마주친 구걸하는 남자의 비관과 낭만 사이를 점치지 않겠다는 (짐작하지 않음으로 인한) '공백'은 너에게 이르는 여정에 선행한다. 그렇게 내 손에 쥐어진 아름다운 장미 한 다발은 너에게 도착한다. 비관과 낙관을 오가는 타인의 삶의 사정과 풍경에 대한 해석의 빈자리를 끌어안고.

    이 모든 것이 '모자라는 언어'가 끌어안고 있는 아직 확정되지 않은 모든 가능성에서 비롯하는 일이라면, 한 권의 시집을 읽는 동안 우리가 하는 일은 미정형으로 비어 있는 모자라는 언어를 채우고 넓혀나가는 일일 테다. 그 과정에서 경험한 것은 단지 미지수의 언어에 정확한 정보값을 매기는 것만은 아니다. 무언가를 깨치는 순간 우리는 또다시 아직 미정형의 언어가 속할 '빈자리', 즉 모자라는 언어를 창출한다. 모자란 시의 언어와 우리 자신이 서로를 필요로 하고 있음에 비로소 보이게 된 것을 본 것이라고, "서로를 필요로 하지 않는다고 생각했기 때문에 보이지 않았던"(「담수 폭포」) 것이며, "빈자리가 되어야만 보이는 게 있"(「담수 폭포」)는 법이라고 이 시의 모자라는 말이 속삭인다.

아침달 시집 51
여름 대삼각형

1판 1쇄 펴냄 2025년 7월 30일
1판 2쇄 펴냄 2025년 9월 1일

지은이 정다연
큐레이터 정한아, 박소란
편집 정채영, 서윤후, 이기리
디자인 정유경, 한유미, 김정현

펴낸곳 아침달
펴낸이 손문경
출판등록 제2013-000289호
주소 04029 서울시 마포구 양화로7길 83, 5층
전화 02-3446-5238
전자우편 achimdalbooks@gmail.com

ⓒ 정다연, 2025
ISBN 979-11-94324-51-5 03810

값 12,000원

이 도서의 판권은 지은이와 출판사 아침달에게 있습니다.
양측의 서면 동의 없이 책 내용의 전부 혹은 일부의 재사용을 금합니다.